Valérie **Motté** ✶ Illustrations Laure **Phélipon**
Préface de Rosette **Poletti**

CONSEILS DE FÉES
ET POTIONS MAGIQUES
pour se sentir bien

CARPE DIEM

Perles
de jouvence

Du même auteur
1001 signes pour décoder le quotidien,
Valérie Motté & Frédéric Ploton, 2009

Dans la même collection
Les dictons de ma grenouille, Jackie Séguin, 2011
Les dictons de mon jardinier, Jackie Séguin, 2011
Philosophie du coquelicot, Rosette Poletti & Barbara Dobbs, 2010

Catalogue gratuit sur simple demande

Éditions Jouvence
France : BP 90107 – 74161 Saint-Julien-en-Genevois Cedex
Suisse : CP 227 – 1225 Chêne-Bourg (Genève)
Site internet : www.editions-jouvence.com
Mail : info@editions-jouvence.com

© Éditions Jouvence, 2011
ISBN 978-2-88353-969-3

Illustrations de couverture et intérieures :
Laure Phélipon
Maquette de couverture et intérieur :
Stéphanie Roze (Éditions Jouvence)

Tous droits de reproduction, traduction et adaptation réservés pour tous pays.

SOMMAIRE

Préface 7
Avant-propos 9
Note à l'attention des lecteurs 11
Introduction 19
Janvier 23
Février 31
Mars 39
Avril 47
Mai 55
Juin 63
Juillet 71
Août 79
Septembre 87
Octobre 95
Novembre 103
Décembre 111
Petit plus 119
Glossaire 121
Sources et livres à conseiller 123
Remerciements 125

PRÉFACE

Aujourd'hui, nous avons redécouvert l'importance des vitamines, des oligo-éléments, des huiles essentielles, des propriétés des pierres. Longtemps réservées à quelques personnes bien informées, toutes ces richesses que nous offre la nature n'étaient pas bien connues du grand public. Pourtant, la nature contient presque tout ce qui est nécessaire aux humains pour rester en bonne santé à condition qu'ils sachent utiliser adéquatement ce que la planète offre si généreusement.

L'auteur de ce petit ouvrage a tenté de relever le défi : informer et apporter des éléments concrets et pratiques d'une manière agréable à ceux qui voudraient mieux vivre au rythme des saisons en accueillant, chaque mois, de nouvelles possibilités de se sentir vivre pleinement.

Les informations les plus précieuses et les plus belles théories ne sont utiles que lorsqu'elles sont comprises, connues et surtout intégrées dans la vie quotidienne de ceux qu'elles sont censées aider.

Quand on pense aux milliards de livres qui trônent sur les bibliothèques du monde, ils contiennent toutes les pistes nécessaires pour que les humains vivent en santé, trouvent le chemin de l'éveil et du bonheur ! Le drame, c'est que trop souvent, l'information qu'ils contiennent n'est ni accessible, ni digérable par ceux qui en auraient besoin.

Conseils de fées et potions magiques pour se sentir bien est un des livres qui peut être lu, compris et utilisé par toute personne en recherche d'un mieux-vivre au quotidien. Il apporte de nouvelles idées, des expériences à tenter, il est agréable à lire et bien documenté. Comme toute nouvelle piste présentée, dans quelque domaine que ce soit, la seule exigence c'est de se mettre en route et de tenter l'aventure !

« Just do it », **simplement allez-y !**

« Exister, c'est changer ;
Changer c'est mûrir ;
Mûrir, c'est se créer sans cesse. »

★ Henri Bergson ★

Rosette **Poletti**

AVANT-PROPOS

*L*a vie renferme de nombreux trésors qu'il nous suffit de découvrir en ouvrant les portes de notre cœur et en écoutant notre intuition.

Quotidiennement, de jolis messages nous parviennent à travers des signes que la vie nous envoie. Différents supports nous les transmettent, notamment par le biais de la nature et des êtres vivants qui la composent. Nous recevons une aide précieuse et magique ainsi qu'une protection angélique que la plupart d'entre nous ignorent. La peur de l'inconnu paralyse certaines personnes et finit par scléroser leur être.

Les fées font partie de ce monde invisible et nous guident si nous savons être attentifs, être à l'écoute de chaque élément terrestre qui nous entoure. Ainsi la flamme de notre âme est ravivée et la lumière éclaire notre chemin.

À travers divers conseils, citations et autres recommandations naturelles, les fées nous font partager un savoir empreint de sagesse et de rayonnement positif.

NOTE À L'ATTENTION DES LECTEURS

Cet ouvrage renferme des astuces et conseils mais ne se soustrait pas à la médecine occidentale. Ce sont de petits éclairages qui peuvent vous aider à avancer le plus sereinement possible. En aucun cas, vous ne devez arrêter votre traitement médical sans avis de votre médecin.

Chaque être humain est unique. C'est pourquoi nous ne réagissons pas tous de la même façon aux événements, aux traitements reçus. Certaines personnes sont allergiques à des aliments ou autres produits. De plus une interaction de médicaments, de minéraux et d'oligoéléments, de plantes ne sont pas toujours de bonnes alliances et peuvent avoir des effets contraires à ceux souhaités et, dans certains cas, devenir dangereux pour la santé. C'est pourquoi vous devez demander avis à votre médecin, thérapeute et/ou pharmacien avant de prendre un ou plusieurs oligoéléments et/ou d'utiliser une ou plusieurs huiles essentielles. Encore plus si vous prenez déjà un traitement homéopathique ou médical. Quant à l'utilisation des pierres, elles peuvent être un accompagnement, mais elles ne se substituent en aucun cas à un diagnostic médical.

L'utilisation des huiles essentielles nécessite quelques précautions. Celles citées dans cet ouvrage sont données à titre indicatif et sont parcourues de manière succincte. Il existe des ouvrages de référence qui vous permettront de les utiliser, notamment en synergie avec d'autres, et qui vous expliqueront l'aromathérapie dans son ensemble.

Cependant il y a des précautions d'emploi et des règles à respecter.

Recommandations

- Utilisez toujours des **huiles essentielles** « 100 % pures et naturelles » et de qualité bio ou du label H.E.B.B.D (huile essentielle botaniquement et biochimiquement définie).
- Vérifiez que le bouchon du flacon soit bien hermétique. Que le flacon soit en verre coloré, opaque et qu'il soit doté d'un compte-gouttes intégré.
- L'étiquette doit comporter le nom de l'huile essentielle, le nom botanique en latin, la partie utilisée, la catégorie chimique, le pays d'origine, les précautions et les recommandations d'emploi.

- Veillez à ne pas laisser vos flacons d'huiles essentielles à la portée des enfants. Mal utilisées, elles pourraient devenir dangereuses, car elles sont très concentrées.
- En cas d'absorption importante, contactez votre centre antipoison.
- Afin de conserver au mieux vos huiles essentielles, les ranger à l'abri de la lumière, ne pas les mettre au réfrigérateur.
- Les femmes enceintes et celles qui allaitent doivent demander conseil à leur médecin avant toute utilisation.
- Ne pas utiliser chez les enfants de moins de 7 ans sans avis médical et jamais en ingestion.
- Demandez conseil à votre vétérinaire avant de les utiliser sur vos animaux.
- Lisez attentivement les instructions et suivez les recommandations sur l'emballage et respectez les doses prescrites.
- Les huiles essentielles sont irritantes pour les yeux, veillez à ne pas les appliquer sur les muqueuses, dans les narines, les oreilles et autour des yeux. Si vous vous en mettez dans les yeux, utilisez une huile végétale pour vous rincer (pas de l'eau) et filez aux urgences.
- Les huiles essentielles qui contiennent des phénols sont très irritantes, ne pas les diffuser ou les appliquer sur la peau.
- Les personnes allergiques ou épileptiques doivent consulter leur médecin avant toute utilisation.

- Ne pas s'exposer au soleil si vous vous appliquez une huile essentielle d'agrumes ou si vous l'ingérez. Attendre au moins 12 heures, car elle provoque une photosensibilisation.
- En usage interne, il est préférable d'utiliser un support neutre vendu en pharmacie avant ingestion ou de la mélanger à une huile végétale ou à un peu de miel. Ne jamais prolonger un traitement plus de trois jours.
- En utilisation externe, ne jamais utiliser une huile essentielle pure sur la peau sauf recommandation de votre médecin. La mélanger avec une huile végétale de qualité «bio».
- Faire un test cutané dans le pli du coude avant de les utiliser afin d'écarter tout risque d'allergie.
- Pour les autres utilisations (voie rectale et vaginale), consultez votre médecin.

Les fées préfèrent utiliser les huiles essentielles en diffusion pour celles qui le permettent, en inhalation sèche sur un mouchoir ou en friction sur les poignets ou le plexus solaire. Si vous utilisez un diffuseur en terre cuite chauffé par une bougie dite «chauffe-plat» ou «veilleuse» remplissez d'eau la coupelle ou le récipient se trouvant au dessus, versez-y 3 gouttes. Diffusez pendant 10 minutes maximum. Ne jamais diffuser en continu. Respecter les consignes sur l'emballage, le temps de diffusion peut varier en fonction du fabricant. Si vous utilisez un diffuseur électrique, suivre les instructions qui lui sont réservées.

Les fées vous recommandent de vous tourner vers un aromathérapeute ou votre médecin avant de les utiliser par voie orale.

La liste des **fruits** et **légumes** cités n'est pas exhaustive. Ils contiennent bien évidemment d'autres éléments que les quelques vitamines, minéraux et oligoéléments indiqués. Essayez de consommer des fruits et légumes issus de l'agriculture biologique ou/et provenant de producteurs locaux et, si possible, variez votre alimentation.

Pour tout conseil nutritionnel, vous pouvez consulter le site : www.mangerbouger.fr

Les **oligoéléments** sont indispensables à l'organisme. Ils participent à la constitution et au maintien des tissus du corps, au fonctionnement du système nerveux, à la contraction musculaire.

Les **pierres** sont utilisées depuis très longtemps dans différents domaines (artisanat, industrie, joaillerie…). Aujourd'hui, vous pouvez les utiliser pour décorer votre intérieur, les porter en bijoux et, pour quelques initiés, utiliser leurs énergies pour adoucir leurs maux tant physiques que spirituels et en méditation.

Quand vous êtes attiré par une pierre, sa couleur, sa forme, ce n'est pas anodin. Votre être a besoin de ses vibrations (en quête d'apaisement, retrouver de l'énergie, évacuer une colère, un chagrin, une frustration, éliminer une douleur musculaire…).

Avant d'utiliser une pierre, de la déposer chez soi, ou de la porter, il est important de la purifier de manière à supprimer les vibrations laissées par tous les intermédiaires qui les ont touchées. L'essentiel est de suivre les recommandations propres à chacune d'elles. Une fois lavée, l'essuyer avec douceur et la charger de votre énergie en la tenant dans votre main, puis lui demander de vous aider en fonction de ses propriétés. Il est souvent conseillé d'utiliser de l'eau distillée, associée ou non au sel, pour les purifier, mais les fées utilisent de l'eau du robinet. Pour certains bijoux, il est difficile de les purifier dans de l'eau ; la fumigation est alors conseillée. Passer le bijou dans la fumée dégagée par l'encens utilisé, mais attention à ne pas respirer l'encens directement. Penser à aérer la pièce.

Les fées les recommandent essentiellement pour vous apaiser ou vous redonner force et confiance. Les porter en bijoux, dans vos poches ou les déposer dans une pièce de votre habitation est déjà un bon début. Pour tout travail sur des maux physiques ou psychologiques plus profonds, consultez un thérapeute spécialisé qui saura vous guider précisément et vous expliquera les utilisations en fonction des chakras[1] auxquels elles sont destinées. Une fois initié, vous pourrez les utiliser également en méditation.

---

1   Portes par lesquelles les flux énergétiques entrent et sortent comme l'écrit Reynald Boschiero.

Tous les conseils cités dans cet ouvrage sont donnés à titre indicatif, en fonction des saisons et des petits désagréments qui les accompagnent parfois, mais peuvent, bien entendu, être utilisés à un autre moment de l'année en fonction de vos besoins.

Les indications d'usage et les propositions d'utilisation sont données à titre d'information et ne relèvent pas d'une thérapeutique personnalisée. L'auteur et son éditeur ne sauraient ainsi assurer une quelconque responsabilité du fait d'une mauvaise utilisation ou compréhension de cet ouvrage. Faites preuve de bon sens et de prudence et consultez un spécialiste en cas de doute. N'interrompez pas un traitement en cours et prévenez votre médecin en cas de trouble prolongé.

INTRODUCTION

*N*ous évoluons avec les saisons et les mois qui les composent. Notre être s'adapte du mieux qu'il peut au rythme imprimé par les variations atmosphériques, climatiques et humaines.

Chaque mois, vous pourrez découvrir quelques astuces pour améliorer votre équilibre et votre épanouissement tant physique que spirituel.

Les conseils prodigués vous permettront de réfléchir ou/et d'agir en utilisant des moyens simples et naturels dotés de positives et lumineuses vibrations (une citation, la pierre associé au mois de l'année de naissance, les fruits et légumes de saison, l'huile essentielle adaptée, les oligoéléments…).

Afin d'exprimer vos ressentis, vous trouverez à la fin de chaque mois, une page « notes » qui vous permettra d'écrire vos commentaires et d'en suivre l'évolution au fil du temps.

À la Vie et à l'Univers…
À Erwan, mon ange, ma lumière…

La vie

« La vie est une chance, saisis-la.
La vie est beauté, admire-la.
La vie est béatitude, savoure-la.
La vie est un rêve, fais-en une réalité.
La vie est un défi, fais-lui face.
La vie est un devoir, accomplis-le.
La vie est un jeu, joue-le.
La vie est précieuse, prends-en soin.
La vie est une richesse, conserve-la.
La vie est amour, jouis-en.
La vie est un mystère, perce-le.
La vie est promesse, remplis-la.
La vie est tristesse, surmonte-la.
La vie est un hymne, chante-le.
La vie est un combat, accepte-le.
La vie est une tragédie, prends-la à bras-le-corps.
La vie est une aventure, ose-la.
La vie est un bonheur, mérite-le.
La vie est la vie, défends-la. »

★ Mère Teresa (1910-1997) ★

Janvier

« La carte de notre vie est pliée de telle sorte que nous ne voyons pas une seule grande route qui la traverse, mais au fur et à mesure qu'elle s'ouvre, toujours une petite route neuve. »

★ Jean Cocteau ★

La pierre
LE GRENAT

Purification

Avant de le porter ou de l'utiliser, nettoyez-le dans de l'eau salée. Il apprécie le soleil. Le purifier souvent.

Plan physique

Il favoriserait une bonne circulation énergétique. Il stimulerait les organes sexuels.

Plan émotionnel

Il apporte dynamisme, courage et charisme.
C'est la pierre idéale pour les personnes sereines et celles qui manquent d'imagination. C'est une pierre à déconseiller aux personnes trop nerveuses, aux hypertendus ainsi qu'aux ambitieux.

L'huile essentielle
LE CITRON
(Citrus limonum)

Après les repas de fêtes, c'est une alliée pour nettoyer le foie. Elle stimule également notre système immunitaire et combat la fatigue, les états grippaux et les maux de gorge.

Elle aide à se concentrer et redonne confiance.

À utiliser en diffusion (cf. p 14) pour désinfecter.

Déposer 2 à 3 gouttes sur un mouchoir pour chasser les nausées ou pour un effet tonique.

Éviter la voie cutanée car elle est irritante et provoque une photosensibilisation[2].

---

2   Réaction cutanée survenant à l'exposition à la lumière, au soleil.

Janvier

Les fruits et légumes
LE KIWI

C'est l'un des fruits qui contiendrait le plus de vitamine C. Il est recommandé pour notre plein d'énergie. Riche en vitamine E, il possède des propriétés antioxydantes. Il contient aussi du potassium, bon pour lutter contre les contractions musculaires. Les fées le dégustent le matin, au petit-déjeuner afin de bien démarrer la journée et d'être en pleine forme tout au long de leurs activités. Elles le mettent au réfrigérateur afin de conserver les vitamines, notamment la C. Attention, cependant, c'est un fruit qui peut provoquer des réactions allergiques comme l'urticaire.

LA CAROTTE

Elle est riche en vitamine A qui permet de préserver la vision. Elle contient également de la vitamine C et K ainsi que du potassium, du calcium et du phosphore. Elle est douce et calmante sur les intestins. On la recommande en cas de diarrhée. Sa couleur orangée apporte gaieté aux plats en ce début d'année. Vous pouvez la déguster crue, râpée ou cuite. Son jus est apprécié par certains qui l'utilisent pour avoir un joli teint, paraît-il. Les fées la cuisinent en purée ou à la vapeur, elles y ajoutent du cumin pour un mélange simple mais parfumé. Elles adorent le goût sucré de ce légume.

LES FRUITS DE SAISON

Le citron : vitamine C et B, potassium…
L'orange : vitamine C et B, calcium, du potassium…
La mandarine : vitamine C et B, potassium…
La poire : vitamines C, A et B, potassium, phosphore…

LES LÉGUMES DE SAISON

La betterave : vitamines C, K et B, potassium, cuivre, fer, magnésium…
L'endive : vitamine C et B, potassium…
Le chou : vitamines C, K et E, soufre, calcium…
La mâche : vitamine C et B9…
Le poireau : vitamines C, K et B, soufre, potassium, calcium, fer, manganèse…
La pomme de terre : vitamines C et B, cuivre, potassium, fer…

Janvier

L'oligoélément
L'ARGENT

C'est un anti-infectieux par excellence. Il est employé dans les états grippaux et dans les infections de la sphère ORL. Il est utilisé en cas d'aphtes buccaux. Associé au cuivre et à l'or, il lutte contre la fatigue et combat les bactéries.

Il ne se trouve pas dans l'alimentation. Votre médecin homéopathe pourra vous le prescrire sous la forme appropriée à votre problème.

Conseil de fée

Le mois de janvier est souvent associé aux bonnes résolutions, c'est une nouvelle année, un nouveau départ… Pour retrouver une motivation à toute épreuve, notez sur une feuille de papier tout ce qui vous chagrine. Faites une liste des problèmes qui encombrent votre vie et faites la brûler de manière à vous débarrasser de ce qui vous pèse. « Au revoir les problèmes. » Prenez toutes les précautions nécessaires lors de ce *rituel* et pratiquez-le de préférence à l'extérieur. Concentrez-vous maintenant sur ce qui vous ferait plaisir, sur ce que vous aimeriez concrétiser cette année, les changements que vous espéreriez voir aboutir. Prenez une nouvelle feuille et écrivez les choses que vous souhaiteriez réaliser, du plus profond de votre cœur, même ce qui peut vous paraître fou. L'essentiel est d'être sincère avec soi-même et d'écouter son âme. En revanche, il ne faut qu'en aucun cas ces intentions soient néfastes à qui que ce soit. Si vous le pouvez, accrochez cette liste de façon visible, de manière à la voir tous les jours. Et puis cochez « les rêves » que vous aurez réalisés durant l'année en inscrivant l'émotion que vous avez ressentie à ce moment-là. N'oubliez pas que les fées adorent la couleur, la joie de vivre, alors n'hésitez pas à utiliser un crayon à encre colorée.

Notes :

Février

« Aimer est la seule richesse qui croît avec la prodigalité. Plus on donne et plus il vous reste. »

★ Romain Gary ★

La pierre
L'AMÉTHYSTE

Purification

Avant de l'utiliser ou de la porter, purifiez-la dans de l'eau salée, à l'abri de la lumière. La recharger avec un peu de soleil.

Plan physique

Elle lutterait contre les addictions (alcool, tabac…).
Elle soulagerait les tensions nerveuses.

Plan émotionnel

C'est une aide précieuse pour faciliter un sommeil sans cauchemars tout en développant de jolis rêves. Elle favorise l'élévation spirituelle et la méditation. Elle permet l'ouverture à la créativité et à l'inspiration. Elle calme les angoisses et les colères. C'est la pierre de l'apaisement et de la sérénité.
Les fées l'adorent, car elles apprécient sa couleur « violet » qui est le symbole de sagesse et de spiritualité.

L'huile essentielle
LE LAURIER NOBLE
(Laurus nobilis)

Elle est indiquée dans les infections virales (rhume, grippe, gastro-entérite…), les sinusites chroniques, l'asthme. Parmi ses propriétés, elle est expectorante, anti-inflammatoire, fongicide. Elle agit sur les verrues, les mycoses. Elle est recommandée à ceux qui manquent de confiance, qui sont anxieux.

Une goutte sur la face interne de chaque poignet afin de retrouver la sérénité.

À déconseiller aux femmes enceintes. Il est obligatoire de faire un test cutané avant utilisation et de l'utiliser diluée.

Février

Les fruits et légumes

LE CITRON

Il contient de la vitamine C, des vitamines du groupe B, du potassium… C'est l'un des meilleurs amis des fées, car il renferme de nombreuses substances bénéfiques pour la santé. Elles utilisent un demi-citron pressé le matin, mélangé à un peu d'eau à température ambiante afin de nettoyer leur organisme, notamment le foie, et de limiter l'acidité de l'estomac. Il est conseillé en cas de digestion difficile, de maux de gorge, de grippes… Un jus de citron chaud associé à une cuillère de miel soulage les gorges irritées. Il est recommandé aux personnes fatiguées.

L'ENDIVE

Elle contient de la vitamine C, des vitamines du groupe B, du potassium… Elle est riche en eau, ce qui la rend digeste et légère. Peu calorique, elle est appréciée pour ses valeurs nutritionnelles. Elle peut se consommer crue ou cuite. En salade, elle se déguste avec des noix, des morceaux de pommes crues ainsi que du fromage. En vapeur ou braisée, elle est simple à préparer. Cuite, les fibres qu'elle contient faciliteraient le bon fonctionnement du transit intestinal. Un filet de jus de citron préserve sa blancheur.

LES FRUITS DE SAISON

La mandarine : vitamine C et B, potassium…
La poire : vitamines C, A et B, potassium, phosphore…
Le kiwi : riche en vitamine C, vitamine E, potassium…

LES LÉGUMES DE SAISON

La betterave : vitamines C, K et B, potassium, cuivre, fer, magnésium…
Le chou : vitamines C, K et E, soufre, calcium…
Le chou de Bruxelles : vitamines C, K et E, potassium, magnésium, soufre…
Le poireau : vitamines C, K et B, soufre, potassium, calcium, fer, manganèse…
La carotte : vitamines A, C et K, potassium, calcium, magnésium…
La pomme de terre : vitamines C et B, cuivre, potassium, fer…
Le céleri : vitamines C, A et B, potassium, phosphore, calcium…

L'oligoélément
LE CUIVRE

Il participe à l'absorption du fer. Il permet de lutter contre les affections rhumatismales inflammatoires. Il combat les infections virales, notamment la grippe et celles qui touchent la sphère ORL. Associé au manganèse, il combat les allergies.

On peut le trouver dans le foie, les olives, les poissons, les fruits de mer, les légumes secs.

Conseil de fée

Février vient du latin classique februarius qui signifie le « mois des purifications ». Profitez-en pour nettoyer votre corps, votre âme et votre maison. Le gros sel marin, que vous utilisez en cuisine, est très efficace. Faites-vous couler un bain tiède (l'eau trop chaude est déconseillée pour le système cardiovasculaire et pour la circulation sanguine), versez une à deux poignées de gros sel et détendez-vous une dizaine de minutes. Méditez sur l'instant présent et remerciez la vie de tout ce qu'elle vous offre au quotidien et puis demandez-lui de vous purifier des ondes et des pensées négatives qui peuvent vous envahir. Rincez-vous à l'eau en prenant conscience que vous êtes purifié.

Si vous n'avez pas de baignoire et que vous ne pouvez utiliser celle d'un proche, passez sous une douche tiède, en vous concentrant de la même façon que si vous étiez dans un bain, mais en utilisant que de l'eau.

Vous pouvez mettre dans une coupelle du gros sel que vous déposerez dans chacune de vos pièces ou tout simplement utilisez de l'encens naturel (à la sauge, d'oliban ou à la rose). N'oubliez pas d'aérer la pièce afin d'évacuer la fumée dégagée par l'encens et surtout les intrus (microbes, virus…).

Notes :

Mars

« Celui qui se perd dans sa passion perd moins
que celui qui perd sa passion. »

✶ Saint Augustin ✶

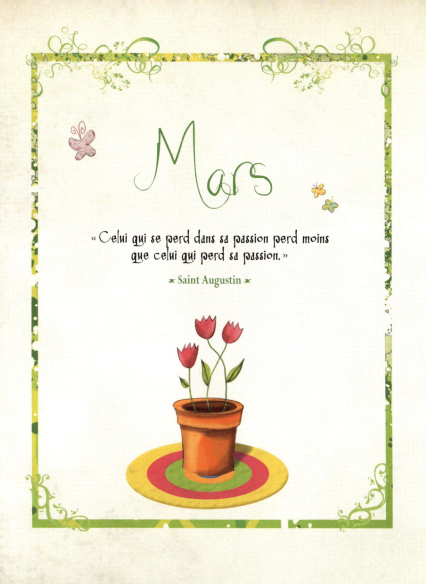

La pierre
L'AIGUE-MARINE

Purification

Avant de la porter ou de l'utiliser, purifiez-la dans de l'eau salée. La recharger au soleil.

Plan physique

Elle lutterait contre les allergies. Elle serait utilisée pour soulager les gorges irritées, les sinus congestionnés ainsi que les douleurs dentaires.

Plan émotionnel

C'est la pierre de la communication car elle favorise les échanges, la capacité d'écoute. Elle facilite les discours et développe l'expression de soi. C'est une pierre douce et apaisante.
Elle serait la pierre porte-bonheur des marins de par sa couleur bleu clair qui rappelle celle de la mer.

L'huile essentielle
LE RAVINTSARA
(Cinnamomum camphora cineoliferum)

Elle est recommandée en cas d'états grippaux, rhume, fièvre et infections ORL (sinusite, rhinopharyngite, bronchite…) ainsi qu'en cas de zona, herpès…

Comme elle est énergisante, elle lutte contre les fatigues physique et nerveuse. Elle est donc appropriée au début du printemps.

En diffusion (cf. p 14) pour prévenir des épidémies.

Une goutte sur la face interne de chaque poignet afin de vous tonifier.

À déconseiller aux femmes enceintes.

Les fruits et légumes
LA POIRE

Elle contient de la vitamine C, des vitamines du groupe B, A, du potassium, du phosphore… Ce fruit a des propriétés antioxydantes bonnes pour notre peau, car elles permettent de lutter contre le vieillissement de nos cellules. Riche en fibres, la poire devient un laxatif naturel et permet ainsi aux intestins paresseux de retrouver un certain équilibre. Les fées sont gourmandes, elles adorent la déguster avec du fromage (bleu) à l'apéritif. Le chocolat étant leur péché mignon, elles n'hésitent pas à le servir chaud sur des poires entières, le tout accompagné d'une boule de glace à la vanille.

LA BETTERAVE

Elle contient des vitamines C, K, des vitamines du groupe B, du potassium, du cuivre, du fer, du magnésium… ce qui en fait un légume intéressant pour l'organisme. Elle est source d'énergie. Elle peut être consommée crue ou cuite. Le jus de betteraves permettrait d'abaisser la tension artérielle. À l'heure de l'apéritif, les fées préparent des verrines de betteraves mixées avec du fromage aillé et aux fines herbes. Un délice pour les papilles ! Le fromage éclaircit la betterave et lui confère une couleur douce.

LES FRUITS DE SAISON

Le kiwi : riche en vitamine C, vitamine E, potassium…

LES LÉGUMES DE SAISON

L'endive : vitamine C et B, potassium…
Le chou : vitamines C, K et E, soufre, calcium…
Le chou de Bruxelles : vitamines C, K et E, potassium, magnésium, soufre…
Le poireau : vitamines C, K et B, soufre, potassium, calcium, fer, manganèse…
La carotte : vitamines A, C, K, potassium, calcium, magnésium…
La pomme de terre : vitamines C et B, cuivre, potassium, fer…
Le céleri : vitamines C, A et B, potassium, phosphore, calcium…
L'oignon : vitamines C, A, E et B, phosphore, sélénium…

L'oligoélément
LE MANGANÈSE

C'est un antiallergique précieux et un antioxydant. Il est souvent associé au cuivre pour combattre les allergies printanières. On peut le trouver dans les noix, le riz complet, les céréales, les légumes secs.

Conseil de fée

Avec l'arrivée du printemps, il est important de faire du tri dans votre garde-robe, dans vos papiers, de vous débarrasser de l'inutile, des choses qui vous rattachent trop au passé et qui vous empêchent d'avancer. Cette jolie saison apporte de la lumière et le sourire aux fées. La vie reprend le dessus, la nature s'épanouit, c'est le bon moment pour oser et agir. Après avoir pris soin de vous – pour certains et certaines, avoir changé de coiffure et de look – retrouvez confiance en votre potentiel et en votre réussite. Ne laissez personne vous dire que votre projet est irréalisable. N'écoutez que votre cœur et votre intuition pour développer votre dessein auquel vous avez réfléchi cet hiver, quand vous étiez bien au chaud sous votre couette. N'hésitez pas à demander de l'aide à l'Univers et aux fées. Elles utilisent leur baguette magique pour soutenir les personnes qui sont sur la bonne voie et qui ont de positives intentions. Yalla ![3]

---

3 Expression qu'utilisait Sœur Emmanuelle pour dire : « allez de l'avant ! ».

Notes :

Avril

« Aime la vérité mais pardonne à l'erreur. »

★ Voltaire ★

La pierre
LE DIAMANT

Purification

Avant de le porter ou de l'utiliser, le purifier dans de l'eau salée. Il aime le soleil. Comme cette pierre détruit les énergies négatives, les purifications suivantes sont rarement nécessaires.

Plan physique

Le diamant serait bénéfique pour les yeux. Il apaiserait la fièvre et favoriserait la cicatrisation.

Plan émotionnel

Il est symbole de pureté, de perfection et représente l'amour éternel. Le diamant procure du courage et permet de découvrir les trahisons. Mais attention, il ne doit pas être utilisé en méditation par des débutants car il est très puissant. Quant aux initiés qui souhaitent le programmer, il y a des précautions à prendre. Se référer à des ouvrages spécialisés, notamment *Le guide des pierres de soins*, Reynald Boschiero, Marabout, Éditions Vivez Soleil, 1999.

Selon certaines légendes, le diamant pourrait se retourner contre son possesseur si celui-ci n'a pas le cœur pur et devenir ainsi maléfique.

L'huile essentielle
LA MENTHE POIVRÉE
(Mentha piperita)

Le mois d'avril est associé aux vacances de Pâques, aux fêtes familiales et, pour certains, à une consommation excessive de chocolat. La menthe poivrée est donc recommandée en cas de crise de foie et de problèmes digestifs, ainsi que pour les nausées.

Suivre les recommandations de votre médecin.

En bain de bouche, elle rafraîchira l'haleine. Mélangez une goutte dans un verre d'eau, ne pas avaler.

Elle est efficace pour chasser la fatigue intellectuelle. Une goutte sur un mouchoir pour vous tonifier.

Les puces ne l'apprécient guère. Mélangez 1 à 2 gouttes dans de l'eau pour désinfecter votre maison.

Attention cependant à ne pas l'utiliser si vous êtes sous traitement homéopathique. Il est interdit de l'utiliser en diffusion et en inhalation humide car elle est irritante pour les yeux.

Les femmes enceintes ou allaitantes, les bébés, les enfants de moins de 6 ans, les épileptiques et les personnes âgées ne devront pas l'utiliser. À déconseiller aux personnes souffrant d'hypoglycémie.

Il est interdit de l'utiliser dans le bain, en massage corporel, sur des brûlures ou des plaies ouvertes.

Veillez à bien vous laver les mains après l'avoir utilisée.

Avril

Les fruits et légumes
LA RHUBARBE

Elle contient des vitamines K et C ainsi que du calcium… Elle a des propriétés énergétiques. Quant aux fibres qu'elle contient, elles facilitent le transit intestinal. Il est conseillé de consommer la rhubarbe en compote. Son goût acidulé est apprécié en pâtisserie, notamment dans la réalisation de tartes. Attention à ne pas consommer ses feuilles car elles sont toxiques.

L'ASPERGE

Elle contient des vitamines A, C et des vitamines du groupe B ainsi que du potassium, du calcium, du magnésium… C'est l'amie idéale pour ceux et celles qui font un régime, car elle est riche en eau ; elle est donc peu calorique mais a de bons apports nutritionnels. Elle est réputée pour son effet tonique et reminéralisant. On dit également qu'elle est diurétique et laxative. Les fées ont une préférence pour les asperges vertes qu'elles dégustent en entrée, après les avoir cuites à la vapeur. L'asperge est déconseillée aux personnes souffrant de calculs rénaux, de gouttes et d'infection urinaire.

LES FRUITS DE SAISON

La mûre : vitamines C, A, E et B, potassium, magnésium, calcium…

LES LÉGUMES DE SAISON

La betterave : vitamines C, K et B, potassium, cuivre, fer, magnésium…
La blette : vitamines A, C et B, fer, calcium, magnésium, phosphore…
L'épinard : vitamines A, C, K E et B, potassium, calcium…
L'endive : vitamine C et B, potassium…
Le chou : vitamines C, K et E, soufre, calcium…
La carotte : vitamines A, C et K, potassium, calcium, magnésium…
La pomme de terre : vitamines C et B, cuivre, potassium, fer…
Mais aussi *l'oignon, la laitue, le radis, le céleri*…

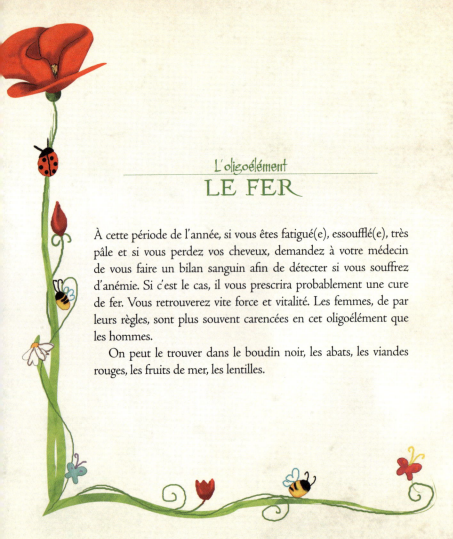

L'oligoélément
LE FER

À cette période de l'année, si vous êtes fatigué(e), essoufflé(e), très pâle et si vous perdez vos cheveux, demandez à votre médecin de vous faire un bilan sanguin afin de détecter si vous souffrez d'anémie. Si c'est le cas, il vous prescrira probablement une cure de fer. Vous retrouverez vite force et vitalité. Les femmes, de par leurs règles, sont plus souvent carencées en cet oligoélément que les hommes.

On peut le trouver dans le boudin noir, les abats, les viandes rouges, les fruits de mer, les lentilles.

Conseil de fée

Le pardon est une chose merveilleuse. Il nous élève spirituellement et nous apaise. Il nous permet d'avancer sur notre chemin éclairé par le scintillement des fées. Il est important de vous pardonner quand vous êtes en colère contre vous-même quelle qu'en soit la raison.

Mais, accorder son pardon à une personne qui vous a peiné, déçu, abîmé est encore plus puissant, car ce n'est pas une action évidente et pourtant essentielle à la Vie. En revanche, pardonner ne veut pas dire pour autant, tout accepter. Il est nécessaire d'extérioriser, d'une manière calme et posée, ce que vous avez ressenti, votre douleur, votre chagrin. En parler avec la personne concernée afin de clarifier la situation et de comprendre ce qui s'est réellement passé. Vous constaterez que, dans la plupart des cas, l'autre était malheureux, énervé ou effrayé au moment où il vous a blessé. Ce n'était même pas contre vous que ces attaques étaient adressées mais contre lui. C'est pourquoi, il faut lui pardonner. Si rencontrer cette personne est trop difficile, alors écrivez-lui un message où vous lui exprimerez tous vos sentiments et votre pardon. Cela ne signifie pas renouer, à tout prix, des liens, repartir sur une nouvelle relation. Chaque histoire est différente, qu'elle soit personnelle, familiale ou professionnelle. À vous d'écouter votre cœur.

Avril

Notes :

Mai

« Laissez-moi vous dévoiler
le secret de ma réussite.
Ma force repose
en ma seule ténacité. »

★ Louis Pasteur ★

La pierre
L'ÉMERAUDE

Purification

Avant de la porter ou de l'utiliser, la purifier dans de l'eau sans sel. Elle apprécie le soleil. Elle n'a pas besoin d'être purifiée régulièrement, car elle absorbe peu d'énergies négatives.
Elle perd de ses qualités lorsqu'elle est associée à d'autres pierres de couleurs.

Plan physique

Elle stimulerait la mémoire.
Elle serait bénéfique pour les yeux.

Plan émotionnel

C'est la pierre du savoir et de la connaissance. De par sa couleur verte, elle apporte l'espoir et l'optimisme à ceux et celles qui en prennent soin. Elle est appréciée pour le calme et la paix intérieure qu'elle apporte. Elle harmonise le physique à l'intellectuel et à l'émotionnel.

L'huile essentielle
LE BASILIC TROPICAL
(Ocimum basilicum L. var. basilicum)

Elle est antispasmodique. Elle est recommandée en cas de tension nerveuse, de surmenage, de sommeil agité ou d'insomnie, de stress et de spasmophilie. Vous pourrez déposer 2 gouttes sur un mouchoir et le garder à portée de main.

Vous pourrez également mélanger une goutte à de l'huile végétale et utiliser une petite goutte de ce mélange, en massage sur votre plexus solaire.

On peut l'utiliser en cas de crampes musculaires, de douleurs au ventre d'origine nerveuse, de brûlures d'estomac et de toutes les tensions digestives.

C'est une huile très puissante. Ne pas l'utiliser pure mais la mélanger à une huile végétale. Elle est déconseillée aux femmes enceintes. Évitez l'usage par voie orale.

Les fruits et légumes

LA CERISE

Elle contient des vitamines A et C ainsi que du magnésium, du potassium… C'est l'un des fruits rouges les plus sucrés mais aussi l'un des plus énergétiques. Ses vitamines lui confèrent un rôle antioxydant, qui permet de lutter contre le vieillissement des cellules de l'organisme. Elle contient beaucoup de fibres qui lui donnent un effet laxatif. Les intestins trop fragiles pourraient devenir irrités en cas de trop grande consommation. Elle a des propriétés diurétiques et facilite le drainage. Les cerises, de par leur jolie couleur rouge brillant, redonnent sourire et joie de vivre aux fées.

LE CONCOMBRE

Il contient de la vitamine C, des vitamines du groupe B, du potassium, du calcium, du fer, du magnésium et du zinc… C'est le légume parfaitement adapté aux régimes amaigrissants, car il contient jusqu'à 96 % d'eau. Il est rafraîchissant et désaltérant. Son action dépurative soulagerait les calculs de la vessie, les rhumatismes et la goutte. Il est utilisé en cosmétique pour ses propriétés hydratantes et astringentes mais aussi adoucissantes. Les fées adorent le consommer cru, avec un peu de menthe, mélangé à un yaourt.

LES FRUITS DE SAISON

La mûre : vitamines C, A, E et B, potassium, magnésium, calcium…
La rhubarbe : vitamines K et C, calcium…

LES LÉGUMES DE SAISON

L'asperge : vitamines A, C et B, potassium, calcium, magnésium…
La betterave : vitamines C, K et B, potassium, cuivre, fer, magnésium…
La blette : vitamines A, C et B, fer, calcium, magnésium, phosphore…
L'épinard : vitamines A, C, K E et B, potassium, calcium…
L'aubergine : vitamines C et E, potassium…
Le chou : vitamines C, K et E, soufre, calcium…
La carotte : vitamines A, C et K, potassium, calcium, magnésium…
Mais aussi **la pomme de terre, la laitue, le radis, le chou-fleur, le céleri, le navet**…

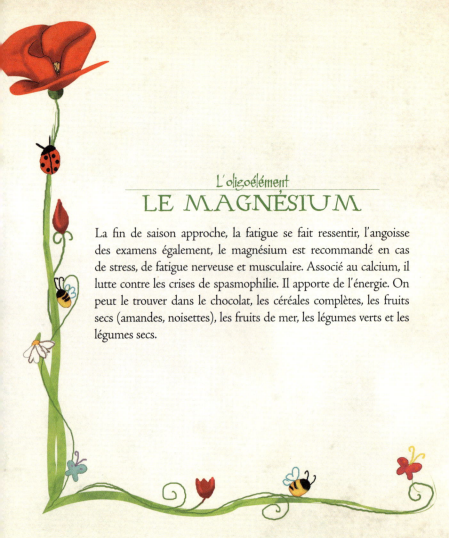

L'oligoélément
LE MAGNÉSIUM

La fin de saison approche, la fatigue se fait ressentir, l'angoisse des examens également, le magnésium est recommandé en cas de stress, de fatigue nerveuse et musculaire. Associé au calcium, il lutte contre les crises de spasmophilie. Il apporte de l'énergie. On peut le trouver dans le chocolat, les céréales complètes, les fruits secs (amandes, noisettes), les fruits de mer, les légumes verts et les légumes secs.

Conseil de fée

Ne dit-on pas : « En mai, fais ce qu'il te plaît ! » C'est donc le moment de vous accorder une pause, rien que pour vous. Pourquoi ne pas profiter des longues et belles journées ensoleillées pour renouer avec la nature, se ressourcer auprès d'elle et admirer les arbres en fleurs, humer le parfum des roses. Des plaisirs simples qui vous permettront d'émoustiller tous vos sens (la vue, le toucher, l'odorat, l'ouïe). Entendre le chant des oiseaux, se poser le temps d'un instant, assis sur l'herbe ou sur un banc, respirer de manière détendue et savourer ce moment unique comme si vous étiez hors du temps.

Si vous croisez le chemin d'un arbre, d'un chêne notamment, posez vos mains sur son tronc et demandez-lui de vous enlever le négatif et de vous recharger de toutes ses bonnes ondes, de sa force, de sa vitalité. N'oubliez pas de le remercier.

Les fées seront de cette balade bucolique car elles aiment flâner en ce joli mois de mai. Si vous restez attentifs, il se peut que vous croisiez l'une d'entre elles, reconnaissable au bruissement de ses majestueuses ailes.

À moins que vous ne préfériez tout simplement le farniente.

Notes :

Juin

« Trouver des échappatoires quand on refuse de regarder en soi est la chose la plus facile du monde. Il existe toujours une cause extérieure, il faut avoir beaucoup de courage pour reconnaître ses propres fautes ou plutôt ses responsabilités. Et pourtant c'est la seule façon d'avancer. Si la vie est un parcours, c'est un parcours qui ne se déroule qu'en montée. »

✶ Suzanna Tamaro, *Va où ton cœur te porte*, Plon, 1994. ✶

La pierre
LA PIERRE DE LUNE

Purification

Avant de la porter ou de l'utiliser, la nettoyer dans de l'eau. La recharger à la lumière lunaire ainsi qu'au soleil.

Plan physique

Elle régulerait les cycles menstruels et soulagerait les douleurs menstruelles.
Il faudrait éviter de la porter au moment de la pleine lune car son énergie serait trop forte surtout pour les femmes.

Plan émotionnel

Elle symbolise la candeur de l'enfance.
C'est une pierre qui permet de sublimer les qualités dites féminines : l'intuition, la douceur, la sensibilité et la réceptivité. Elle permet à ceux et celles dont la personnalité est trop dure et trop rigide d'adoucir leur caractère et leur apporte tolérance envers autrui.
Elle facilite les rêves prémonitoires et stimule l'imagination.

L'huile essentielle
LA SAUGE SCLARÉE
(Salvia sclarea)

Cette huile est indiquée en cas de transpiration excessive, de sautes d'humeur, de fatigue nerveuse, de règles douloureuses, de bouffées de chaleur… Elle est aussi utilisée en cas de pellicules, d'acné, de chute de cheveux, de troubles circulatoires, de varices, d'hémorroïdes…

Déposez 1 goutte sur un mouchoir en cas de nervosité, de fatigue ou de sautes d'humeur.

Mélangez 1 goutte à 10 gouttes d'huile végétale et frictionnez-vous le bas du ventre en cas de troubles de la menstruation.

Les femmes enceintes et celles qui allaitent ne doivent pas l'utiliser ainsi que les jeunes enfants. Elle est contre-indiquée aux personnes présentant des mastoses, fibromes, ou souffrant de cancer.

Évitez la voie orale car elle devient toxique à forte dose.

Quant aux femmes qui souhaitent l'utiliser, parlez-en avec votre médecin en raison de son influence hormonale.

Juin

Les fruits et légumes
LA TOMATE

Elle contient des vitamines A, B et C, du potassium… Ses vitamines ont un effet antioxydant sur l'organisme. Appréciée en cette période estivale, car elle est peu calorique, elle favoriserait l'élimination des toxines. Elle a différentes formes et peut être consommée crue, cuite ou en sauce. Les fées l'épluchent avant de la déguster, car elles n'aiment pas la peau, ce qui est bénéfique à leurs intestins fragiles. Elles raffolent de simples tomates à l'huile d'olive, saupoudrées d'un trait de poivre noir et de basilic. Le tout servi avec du fromage de brebis.

LE RADIS

Il contient de la vitamine C, du potassium, du calcium… Il est recommandé en cas de fatigue. Le radis noir est utilisé pour stimuler les fonctions biliaires et hépatiques facilitant ainsi l'élimination des toxines. Mais attention, si les voies biliaires sont obstruées, ne pas le consommer. Il peut être cuisiné cru ou cuit. Quant au radis rose, il se consomme principalement cru ce qui lui permet de conserver toutes ses vitamines.

Le radis, quelle que soit sa couleur, est indiqué contre la toux et les rhumatismes. On lui confère des propriétés diurétiques, dépuratives et stimulantes.

LES FRUITS DE SAISON

La cerise : vitamines A et C, magnésium, potassium…
La fraise : vitamines C, A et B, potassium…
La framboise : vitamine C, potassium…
Le melon : vitamine C et B, potassium…
La mûre : vitamines C, A, E et B, potassium, magnésium, calcium…
La rhubarbe : vitamines K et C, calcium…
Le cassis : vitamine C, fer, calcium…

LES LÉGUMES DE SAISON

L'asperge : vitamines A, C et B, potassium, calcium, magnésium…
La betterave : vitamines C, K et B, potassium, cuivre, fer, magnésium…
La blette : vitamines A, C et B, fer, calcium, magnésium, phosphore…
L'épinard : vitamines A, C, K E et B, potassium, calcium…
L'aubergine : vitamines C et E, potassium…
Le concombre : vitamine C et B, potassium, calcium, fer, magnésium, zinc…
La courgette : vitamines C, A et B, potassium…
Mais aussi **le chou, la carotte, la pomme de terre, l'oignon, la laitue, le chou-fleur, le céleri, le navet, le haricot, le poivron, le fenouil**…

Juin

L'oligoélément
LE ZINC

C'est un antioxydant nécessaire à la croissance et à la stimulation des défenses immunitaires. Il joue également un rôle important dans la vision, le goût et l'odorat. Il lutte contre les affections cutanées. Il est utilisé, notamment, en cas d'acné. Si vos ongles laissent apparaître des taches blanches, il se peut que vous manquiez de zinc. On peut le trouver dans les huîtres, les fruits de mer, la viande rouge, la volaille, les poissons, le pain complet, les œufs, les légumes secs.

Conseil de fée

Ce mois symbolise certes les examens scolaires, mais aussi la fin de saison, le début de l'été et des vacances. Juin incite donc à échanger, à partager, à se retrouver entre amis pour discuter. Après vous être accordé du temps, en mai, il est bon de se tourner vers ceux que vous aimez. Apprenez l'écoute, ne jugez pas, prenez soin des personnes qui vous sont proches. Et si vous organisiez un déjeuner ou un dîner, ce serait l'occasion de réunir ceux et celles qui vous donnent énormément tout au long de l'année et de les remercier. Prendre le temps de préparer un repas aux saveurs de l'amitié en y incorporant des ingrédients féeriques qui raviront les papilles de vos convives dont vous connaissez les préférences culinaires. Il vous suffira de les étonner par vos petites attentions dans la préparation de ce moment. Même si vous n'êtes pas un grand chef, si vos moyens financiers sont limités, faites parler votre cœur et mettez de l'amour dans cette action (dresser une jolie table, déposer un petit mot avec, par exemple, une citation appropriée dans chaque assiette, cuisiner ou acheter le petit truc que chacun apprécie). L'essentiel est d'être sincère et d'avoir envie de donner sans rien attendre en retour, juste le plaisir de découvrir des sourires sur les visages invités.

Notes :

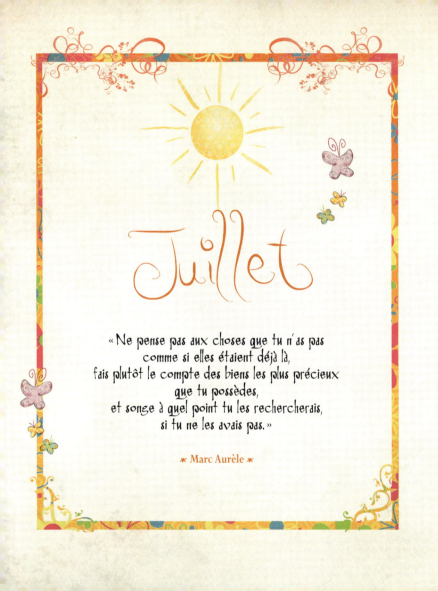

Juillet

« Ne pense pas aux choses que tu n'as pas
comme si elles étaient déjà là,
fais plutôt le compte des biens les plus précieux
que tu possèdes,
et songe à quel point tu les rechercherais,
si tu ne les avais pas. »

✵ Marc Aurèle ✵

La pierre
LE RUBIS

Purification

Avant de le porter ou de l'utiliser, le purifier dans de l'eau salée. Le recharger au soleil.

Plan physique

Ce serait un bon régulateur de l'ensemble du système sanguin. Il chasserait la fatigue.

Plan émotionnel

C'est une pierre très puissante, l'utiliser avec modération. Elle est formellement déconseillée aux personnes autoritaires, colériques ou hypertendues.
C'est la pierre qui fait apprécier la vie. Elle chasse les pensées mélancoliques et le pessimisme. Elle apporte de la force aux personnes timides et faibles. Pierre dite matérialiste, elle permet de comprendre et d'accepter les problèmes du quotidien et ramène à la réalité ceux et celles qui sont plongées dans une spiritualité excessive.

L'huile essentielle
LE TEA-TREE OU ARBRE À THÉ
(Melaleuca alternifolia)

Cette huile est avant tout un antibactérien à large spectre. Elle est indiquée en cas d'infections ORL (otite, rhinopharyngite…), d'infections buccales (aphtes, gingivite…). Elle est recommandée en cas d'acné, d'eczéma et d'autres problèmes cutanés. C'est un antiparasitaire et un antifongique, elle est donc utilisée en cas de poux et de lentes, de mycoses. Elle est indiquée en cas de fatigue nerveuse, de stress, d'épuisement général… En cette période estivale, elle est recommandée en cas de jambes lourdes, de varices.

Déposez une goutte sur la face interne de vos poignets afin de vous stimuler.

Pour désinfecter le linge, mettre 1 à 2 gouttes dans le bac de votre machine à laver.

Ne pas l'utiliser pure mais diluée à 50 % avec une huile végétale et faire un test cutané avant application. Déconseillée aux femmes enceintes ou qui allaitent.

Juillet

Les fruits et légumes
LE CASSIS

Il contient de la vitamine C ainsi que du fer et du calcium… Il a des propriétés tonifiantes de par sa teneur en vitamine C. Il devancerait même le kiwi. Il serait l'un des fruits les plus riches en antioxydants. Les feuilles de cassis sont utilisées en infusion en cas de douleurs rhumatismales, d'arthrite et de goutte. Elles sont considérées comme diurétiques et favorisent l'élimination des déchets. Elles seraient bénéfiques sur la circulation sanguine.

LA COURGETTE

Elle contient des vitamines C, A et des vitamines B ainsi que du potassium… C'est un légume faible en calories mais très énergétique. Sa consommation diminuerait le risque de maladies cardiovasculaires, de par sa teneur en potassium. C'est l'un des légumes préférés de nos chères petites fées. Elles la cuisinent à la vapeur avec un filet d'huile d'olive. Elles aiment également la faire revenir en petits morceaux à la poêle, avec un peu d'huile d'olive et du cumin. Une fois cuite, elles la saupoudrent de parmesan râpé. Elles adorent la déguster en gratin.

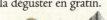

LES FRUITS DE SAISON

L'abricot : vitamine A…
La cerise : vitamines A et C, magnésium, potassium….
La fraise : vitamines C et A et B, potassium…
La framboise : vitamine C et du potassium…
Le melon : vitamine C et B, potassium…
La mûre : vitamines C, A, E et B, potassium, magnésium, calcium…
La tomate : vitamines A, B et C, potassium…
La groseille : vitamine C, potassium, calcium, magnésium…
La pêche : provitamine A, vitamine C, potassium…
La pomme : vitamines C, A, B et E, potassium…
Mais aussi **la mirabelle, la myrtille**…

LES LÉGUMES DE SAISON

L'aubergine : vitamines C et E, potassium…
Le concombre : vitamine C et B, potassium, calcium, fer, magnésium, zinc…
Le fenouil : vitamines C, E et B, potassium, magnésium, fer…
Le haricot vert : vitamines C et B, potassium, calcium, magnésium…
Le petit pois : vitamine C, potassium, magnésium, phosphore…
L'asperge : vitamines A, C et B, potassium, calcium, magnésium…
La betterave : vitamines C, K et B, potassium, cuivre, fer, magnésium…
Mais aussi **la blette, le chou, la carotte, la pomme de terre, l'oignon, l'épinard, la laitue, le radis, le chou-fleur, le céleri, le poivron, le brocoli**…

Juillet

L'oligoélément
LE SÉLÉNIUM

C'est un antioxydant très puissant, qui joue un rôle important dans la lutte contre le vieillissement. Il stimule le système immunitaire et permet ainsi de combattre les infections. Il préviendrait le cancer et les maladies cardiovasculaires. Il est plus prudent de consulter un médecin pour une prescription, car le surdosage peut être dangereux. On peut le trouver dans le poisson, la viande, les œufs, les noix et les céréales complètes.

Conseil de fée

Les fées sont là pour vous enchanter et vous rappeler que vous êtes en vie, en communion avec l'univers. Apprenez à savourer ce que vous avez. Il est difficile de s'adapter à une société dont l'adage est la consommation, voire la surconsommation. Mais recentrez-vous sur l'essentiel, abandonnez les futilités, ne courez plus après le «Plus», appréciez déjà les petits moments magiques qui illuminent votre vie. Si vous êtes bien attentif à ce qui la ponctue, vous constaterez que vous êtes bien vivant et que ce que vous possédez est précieux. Vous seul détenez toutes les clés de votre épanouissement et il est toujours possible de faire bouger les choses, il suffit de le vouloir. Le bonheur est en vous. N'oubliez jamais de remercier la vie pour tout ce qu'elle vous envoie, vous procure, sans oublier les personnes qui croisent votre chemin, que ce soit pour l'éternité ou juste de passage, pour une parenthèse plus ou moins longue. «Il n'y a pas de hasard, il n'y a que des rendez-vous», comme l'écrivait Paul Eluard.

Notes :

Août

« Quoi qu'il se produise dans ma vie, je saurai y faire face. J'apprendrai, je grandirai et je trouverai un moyen d'enrichir ma vie à partir de cette difficulté. »

★ Rosette Poletti,
Petites fleurs du cœur pour grandir au fil des jours,
Éditions Jouvence, 2009. ★

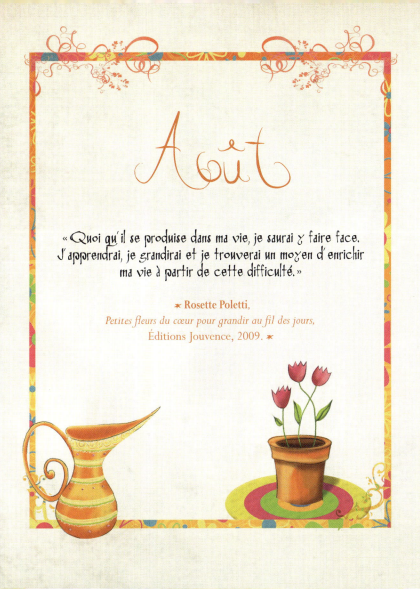

La pierre
LE PÉRIDOT

Purification

Avant de la porter ou de l'utiliser, la purifier dans de l'eau salée. La recharger au soleil. Les purifications sont rarement nécessaires, car c'est une pierre très résistante aux énergies négatives. Elle doit être utilisée seule afin de préserver ses qualités. Ne pas l'associer à d'autres pierres car elle en serait affectée et ses propriétés pourraient se modifier.

Plan physique

Elle chasserait la fatigue et redonnerait de l'énergie. Elle faciliterait la digestion.

Plan émotionnel

C'est une pierre de protection, car elle chasse les énergies négatives venant de l'extérieur.
Elle apporte de la joie et de la vitalité. Elle est purificatrice et équilibrante.
Ce serait la pierre des coups de foudre et des rencontres amoureuses.

L'huile essentielle
LA LAVANDE VRAIE
(Lavandula angustifolia)

Mois d'août rime très souvent avec vacances et soleil. Cette huile est indiquée en cas de problèmes cutanés tels que les brûlures, les coups de soleil, les écorchures, les cicatrices mais aussi les douleurs et crampes musculaires, les insolations, les maux de tête et les poux que vos enfants peuvent vous rapporter du centre de vacances ou des colonies.

La lavande vraie est une alliée en cas de stress, de nervosité, d'agitation, d'insomnie et de troubles du sommeil.

À utiliser en diffusion (cf. p 14) pour apaiser l'atmosphère.

Déposer une goutte sur la face interne de vos poignets pour un effet zen.

Cette huile peut être utilisée chez les jeunes enfants mais après avoir fait un test cutané. À éviter chez les femmes enceintes.

Les fruits et légumes
LA FRAISE

Elle contient des vitamines C et A et des vitamines du groupe B ainsi que du potassium… Elle est recommandée aux personnes qui manquent d'énergie. Elle est appréciée par celles qui font un régime amaigrissant car elle contient très peu de sucre. En revanche, elle peut provoquer des réactions allergiques telles que l'urticaire. La fraise étant fragile, il est conseillé de la manger rapidement. Les plus gourmands la dégusteront avec de la chantilly ou de la crème fraîche. Elle s'accompagne à merveille de champagne.

L'AUBERGINE

Elle contient des vitamines C et E ainsi que du potassium… Elle est riche en antioxydants qui luttent contre le vieillissement des cellules de l'organisme. Elle est peu calorique. Ses fibres permettent un bon transit intestinal. Elle diminuerait le risque de maladies cardiovasculaires, le cholestérol et l'hypertension. Elle se cuisine de différentes façons, à la vapeur, en beignet, au four. Elle est délicieuse en ratatouille. Les fées adorent déguster un caviar d'aubergines.

LES FRUITS DE SAISON

L'abricot : vitamine A...
La cerise : vitamine A et C, magnésium, potassium...
La framboise : vitamine C, potassium...
Le melon : vitamine C et B, potassium...
La mûre : vitamines C, A, E et B, potassium, magnésium, calcium...
Le cassis : vitamine C, fer, calcium...
La tomate : vitamines A, B et C, potassium...
La groseille : vitamine C, potassium, calcium, magnésium...
La pêche : provitamine A, vitamine C, potassium...
La pomme : vitamines C, A, B et E, potassium...
Mais aussi **la figue, la mirabelle, la myrtille, la noisette, la prune, la poire...**

LES LÉGUMES DE SAISON

Le concombre : vitamine C et B, potassium, calcium, fer, magnésium, zinc...
La courgette : vitamines C, A et B, potassium...
Le fenouil : vitamines C, E et B, potassium, magnésium, fer...
Le haricot vert : vitamines C et B, potassium, calcium, magnésium....
L'artichaut : vitamine C et B, calcium, magnésium...
Le radis : vitamine C, potassium, calcium...
La betterave : vitamines C, K et B, potassium, cuivre, fer, magnésium...
Mais aussi **la blette, le chou, la carotte, la pomme de terre, l'oignon, l'épinard, la laitue, le chou-fleur, le céleri, le brocoli, la courge...**

Aout

L'oligoélément
LE CALCIUM

Il est essentiel dans la constitution du squelette et des dents. Il intervient dans la coagulation du sang et dans la contraction musculaire. Il lutte contre la nervosité, les caries, les ongles cassants, les crampes musculaires. Associé au magnésium, il combat la spasmophilie. On peut le trouver dans les produits laitiers (lait, fromage, yaourts), les légumes (poireaux, brocolis…), les fruits secs, les légumes secs, le chocolat, les sardines, le persil.

Conseil de fée

Le mois d'août est marqué par les vacances estivales pour la plupart d'entre vous. Si vous avez la possibilité de vous échapper de votre quotidien, profitez-en bien. Oubliez les soucis et les inquiétudes face à la rentrée, ne pensez pas au lendemain. Essayez de décompresser, d'évacuer les tensions, reposez-vous, vivez comme vous en avez envie, flânez, amusez-vous. Profitez du paysage qui vous entoure : la mer, la montagne, la campagne… pour vous ressourcer. Et pour ceux qui restent chez eux, qui ne partent pas en vacances mais qui ont quelques jours de repos, profitez de ces moments pour réaliser tout ce que vous ne pouvez habituellement pas faire par manque de temps : vous balader dans les rues de votre ville, vous installer à une terrasse, ne rien faire, visiter un musée, aller au ciné, ranger, regarder de vieilles photos, écrire, faire du sport… Accordez-vous également des pauses repos afin de récupérer et de retrouver une énergie positive. Ainsi vous pourrez affronter la rentrée avec recul et sérénité.

Notes :

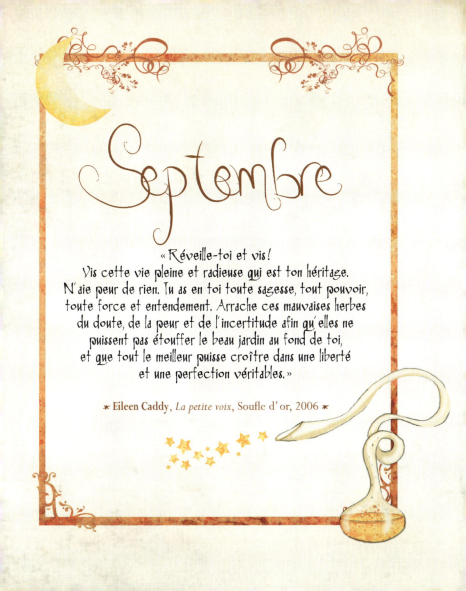

Septembre

« Réveille-toi et vis !
Vis cette vie pleine et radieuse qui est ton héritage.
N'aie peur de rien. Tu as en toi toute sagesse, tout pouvoir,
toute force et entendement. Arrache ces mauvaises herbes
du doute, de la peur et de l'incertitude afin qu'elles ne
puissent pas étouffer le beau jardin au fond de toi,
et que tout le meilleur puisse croître dans une liberté
et une perfection véritables. »

★ Eileen Caddy, *La petite voix*, Soufle d'or, 2006 ★

La pierre
LE SAPHIR

Purification

Avant de le porter ou de l'utiliser, le purifier dans de l'eau salée. Le recharger à la lumière lunaire.
Les propriétés de cette pierre précieuse varient en fonction de ses nuances de couleur.

Plan physique

Le saphir améliorerait la vision et soulagerait les sinus congestionnés.
Le saphir bleu soutenu soulagerait les migraines.

Plan émotionnel

C'est une pierre spirituelle qui est utilisée pour la méditation.
Elle permet le développement des facultés extrasensorielles.
Le saphir bleu clair est symbole de tendresse et de douceur.
Le saphir bleu soutenu apporte apaisement et développe l'imagination.
Le saphir étoilé est le symbole de la force et de la puissance.
Le saphir jaune et orangé symbolise la gaîté, la volonté et le dynamisme.

L'huile essentielle
L'YLANG-YLANG TOTUM
(Cananga odorata genuina)

C'est la rentrée, une nouvelle saison approche avec ses inquiétudes et des angoisses pour certains. Cette huile est justement recommandée en cas d'anxiété, de stress, d'insomnie… Elle est utilisée également en soin de la peau et des cheveux. C'est le moment de redonner éclat et force à votre chevelure malmenée pendant les vacances. Cette huile est également un stimulant sexuel et aurait un pouvoir aphrodisiaque.

Déposez une goutte sur la face interne de vos poignets afin de vous détendre.

En utilisation en bain, suivre les recommandations de votre aromathérapeute ou de votre médecin.

À déconseiller aux femmes enceintes.

Son odeur peut provoquer des maux de tête et des nausées.

Septembre

Les fruits et légumes
LA FIGUE

Elle contient des vitamines A et C ainsi que du magnésium et du potassium… Riche en fer également, elle est le fruit à privilégier en cette période de l'année. Elle apporte de l'énergie notamment la figue sèche mais attention, elle est beaucoup plus calorique que la figue fraîche. Cette dernière, riche en fibres, facilite le transit intestinal. Les décoctions de figues sèches sont recommandées en cas de toux sèche. Les personnes souffrant de maladies rénales devront proscrire la consommation de figues sèches de leur alimentation. Les figues se dégustent avec un foie gras, ce qui en fait un mariage merveilleux pour les papilles.

L'ARTICHAUT

Il contient de la vitamine C et des vitamines du groupe B ainsi que du calcium et du magnésium… Il est peu calorique mais énergétique. C'est l'allié du foie et de la vésicule biliaire. Il est recommandé en cas de mauvaise digestion. Il a des propriétés dépuratives, diurétiques et laxatives. Consommé en grande quantité, il peut provoquer des ballonnements. Il permettrait de réduire le cholestérol. Attention, cependant, à ne pas le consommer en cas d'obstruction des voies biliaires.

LES FRUITS DE SAISON

La framboise : vitamine C, potassium…
La pêche : provitamine A, vitamine C, potassium…
La pomme : vitamines C, A, B et E, potassium…
La mirabelle : vitamines A, B, C et E, potassium, phosphore, zinc…
La myrtille : vitamines A, B, C, et E, potassium, fer…
Le raisin : vitamines B et C, potassium…
Le pruneau : vitamines A, C et E, potassium, magnésium…
Mais aussi **la mûre, la poire, la prune, la pêche, la tomate…**

LES LÉGUMES DE SAISON

Le radis : vitamine C, potassium, calcium…
La betterave : vitamines C, K et B, potassium, cuivre, fer, magnésium…
L'aubergine : vitamines C et E ainsi que du potassium…
Le concombre : vitamine C et B, potassium, calcium, fer, magnésium, zinc…
La courgette : vitamines C, A et B, potassium…
Le fenouil : vitamines C, E et B, potassium, magnésium, fer…
Le haricot vert : vitamines C et B, potassium, calcium, magnésium…
Mais aussi **le chou-fleur, le céleri, le brocoli, la courge, les carottes, le chou, le chou de Bruxelles, l'épinard, la laitue, le panais, la pomme de terre…**

Septembre

L'oligoélément
LE SOUFRE

Tout comme le calcium, le phosphore et le magnésium, il participe à la constitution des cartilages, des os et des tendons. C'est un composant important de la kératine. Il est donc essentiel dans la qualité du cheveu et de la peau. Il lutte contre les allergies et les rhumes et toutes les infections de la sphère ORL ainsi que l'arthrite et l'arthrose. On peut le trouver dans les œufs, la viande, les poissons, les légumes secs, l'ail et l'oignon.

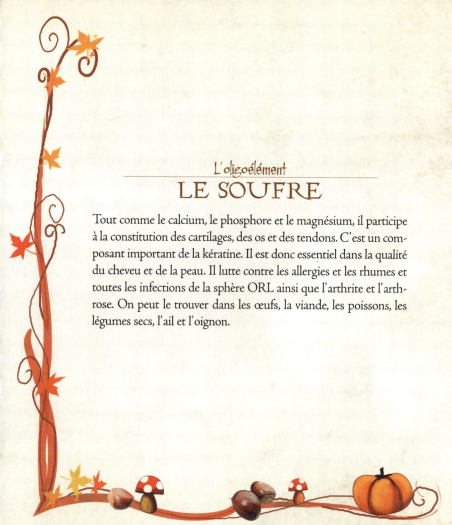

Conseil de fée

La vie est une farce, qui nous réserve de jolies surprises, mais parfois qui nous envoie des épreuves dont tout un chacun se passerait bien. Pourtant, il y a toujours un sens profond à tout cela. Pas simple de décoder le message, me direz-vous, quand tout semble basculer dans le négatif. Échec, séparation, licenciement, retard, contrariété… Cependant, si vous réfléchissez bien, ces événements douloureux vous permettent de mieux vous connaître, de prendre le chemin qui correspond à votre âme et d'être, finalement, en phase avec vous-même. Quoi qu'il arrive, il faut apprendre à accepter la situation, vivre ses sentiments, évacuer le chagrin pour mieux se ressaisir mais aussi se remettre en question. Vous avez toutes les qualités et le potentiel pour avancer et être heureux. Faut-il encore avoir envie de s'en sortir !

Il faut garder une attitude positive. Et puis la complainte, les lamentations et la victimisation agacent les fées qui préfèrent la combativité et la joie de vivre.

Notes :

Octobre

« Occupe-toi du jour présent, car si hier n'est plus qu'un rêve, demain n'est rien qu'une vision. Le jour présent si tu le vis, fera de chaque hier un rêve de bonheur et de ton avenir une vision d'espoir. Alors occupe-toi du jour présent. »

★ **Proverbe sanskrit** ★

La pierre
LA TOURMALINE

Purification

Avant de la porter ou de l'utiliser, la purifier dans de l'eau salée. La recharger au soleil.
Il y a différentes variétés de tourmaline. Les fées aiment tout particulièrement la tourmaline noire appelée également schorl.

Plan physique

La tourmaline verte rééquilibrerait les fonctions hormonales.

Plan émotionnel

La tourmaline noire est essentielle en méditation, car elle permet de garder un bon enracinement et un retour à la conscience. Elle protège des ondes électromagnétiques émises par la télévision, les ordinateurs, les téléphones portables, le micro-ondes.
La tourmaline œil-de-chat est une bonne protection contre les énergies néfastes, notamment celles émises par les personnes négatives.

L'huile essentielle
L'EUCALYPTUS RADIATA
(Eucalyptus radiata)

Ça y est, le rythme de la vie a repris son cours et l'automne est bien là. De jolies couleurs aux teintes orangées charment nos paysages et les microbes et virus en profitent pour faire une apparition. Cette huile est tout particulièrement recommandée en cas d'infections de la sphère ORL et d'épidémies virales. Chassons rhumes, grippes, rhinopharyngites… Elle est indiquée également en cas de fatigue, d'anxiété et afin de renforcer les défenses immunitaires.

En diffusion (cf. p 14), elle assainira l'air en prévention des épidémies.

Pour dégager le nez bouché, déposez 3 gouttes sur un mouchoir.

Déposez 1 goutte sur la face interne de votre poignet pour vous redonner du tonus.

À déconseiller aux femmes enceintes.

Les fruits et légumes

LE RAISIN

Il contient des vitamines B et C ainsi que du potassium…C'est un fruit calorique et énergétique. Il a une action laxative car il est riche en fibres. Il a un effet antioxydant. On lui confère des propriétés dépuratives et détoxifiantes qui amélioreraient l'état de la peau et l'embelliraient. La feuille de vigne est, quant à elle, utilisée dans les traitements contre les jambes lourdes et sur l'insuffisance veineuse.

LE FENOUIL

Il contient des vitamines C, E et B ainsi que du potassium, du magnésium et du fer. Il est peu calorique mais possède des antioxydants bons pour l'organisme, qui renforcent les défenses immunitaires et qui luttent contre le vieillissement des cellules. Le potassium et le magnésium lui permettraient de lutter contre l'hypertension. Les fées adorent son goût anisé et le dégustent principalement braisé, ce qui lui donne une jolie couleur caramélisée.

LES FRUITS DE SAISON

Le coing : vitamines C, B , potassium, phosphore…
La figue : vitamines A et C , magnésium, potassium…
La mûre : vitamines C, A et E, vitamines du groupe B, potassium, magnésium, calcium…
La myrtille : vitamines A, B, C, potassium, fer…
La pomme : vitamines C, A, B et E, potassium…
La poire : vitamines C, A, vitamines du groupe B, potassium, phosphore…
Mais aussi **les marrons, les noisettes, les noix**…

LES LÉGUMES DE SAISON

L'artichaut : vitamine C, vitamines du groupe B, calcium, magnésium…
Le radis : vitamine C, potassium, calcium…
La betterave : vitamines C, K, vitamines du groupe B, potassium, cuivre, fer, magnésium…
Le concombre : vitamine C, vitamines du groupe B, potassium, calcium, fer, magnésium, zinc…
La courgette : vitamines C, A et B, potassium…
Le haricot vert : vitamines C et B, potassium, calcium, magnésium…
La blette : vitamines A, C, vitamines du groupe B, fer, calcium, magnésium, phosphore…
Mais aussi **le chou-fleur, le céleri, le brocoli, la courge, le chou, le chou de Bruxelles, les épinards, la laitue, les pommes de terre**…

Octobre

L'oligoélément
LE PHOSPHORE

Il est indispensable à la mémoire et au système nerveux. Associé au calcium, il joue un rôle important dans la constitution des os et des dents. Il lutte donc contre les caries, la nervosité et la fatigue. Il est essentiel pour une bonne acuité intellectuelle. Les carences en phosphore sont rares. Cependant, il peut être prescrit en cas de spasmophilie, de surmenage, de crampes. On peut le trouver dans la viande, le poisson, les œufs, les produits laitiers, les céréales, les légumes, les fruits.

Conseil de fée

Que de questions vous taraudent, vous ne savez plus que faire, vous hésitez, vous aimeriez avoir des réponses à vos interrogations. Afin d'avoir un éclairage sur votre situation, demandez conseil aux fées de manière claire et précise. Elles vous insuffleront une réponse à travers des indices qu'elles vous enverront. À vous de les décoder en écoutant votre intuition et en observant ce qui vous entoure. Cependant, si vous êtes pressé et que vous souhaitez avoir un éclaircissement rapidement, vous pouvez toujours vous concentrer sur votre question et prendre le premier livre à portée de main, ouvrir une page au hasard et pointer votre doigt sur un paragraphe. Vous recevrez probablement une réponse ou un aiguillage sous forme de message à décrypter. Pour certains d'entre vous ce sera sans doute un déclic pour agir et se dire qu'il faut cesser d'avoir peur. Oser, c'est tout simplement vivre. L'action et le mouvement font partie inhérente de la vie.

Notes :

Novembre

« La nuit n'est jamais complète
Il y a toujours
Puisque je le dis
Puisque je l'affirme
Au bout du chagrin
Une fenêtre ouverte, une fenêtre éclairée
Il y a toujours un rêve qui veille
Désir à combler, faim à satisfaire
Un cœur généreux
Une main tendue, une main ouverte
Des yeux attentifs
Une vie
La vie à se partager »,

★ Paul Eluard ★

La pierre
LA TOPAZE

Il y a des topazes de différentes couleurs.

Purification

Avant de la porter ou de l'utiliser, la purifier dans de l'eau salée. La recharger au soleil.

Plan physique

La topaze blanche soulagerait les migraines et la fièvre.
La topaze impériale redonnerait de l'énergie en cas de fatigue.
La topaze rose serait un régulateur de la circulation sanguine. Elle serait conseillée en cas de jambes lourdes et fatiguées.

Plan émotionnel

La topaze impériale est symbole de bonheur et de gaîté. Elle permet de stimuler l'esprit.
La topaze rose agit sur les douleurs affectives, elle guérit les peines de cœur.
La topaze bleue est proche de l'aigue-marine. Elle facilite le dialogue et les relations humaines en favorisant les amitiés sincères et profondes.
La topaze blanche facilite la concentration et le travail intellectuel. Elle apporte la lumière.

L'huile essentielle
L'ÉPINETTE NOIRE
(Picea mariana)

Cette huile est un tonique général qui sera recommandé en cette période de l'année où l'organisme commence à faiblir. La lumière du jour se raréfie, le moral est en baisse et la fatigue prend le dessus. Cette huile permet de lutter contre l'épuisement, l'asthénie, les coups de pompe, l'immunodépression… Elle est recommandée en cas de toux, de rhume, de bronchite, de sinusite. Son action antifongique, antiparasitaire est indiquée dans les cas d'acné, d'eczéma sec, de psoriasis, dans les parasitoses cutanées et intestinales.

Déposez une goutte sur la face interne de vos poignets de manière à vous redonner un coup de fouet ou, si vous préférez, déposez 2 à 3 gouttes sur un mouchoir.

Elle est interdite aux femmes enceintes et à celles qui allaitent ainsi qu'aux sujets épileptiques, aux personnes âgées et aux enfants de moins de 6 ans.

Les fruits et légumes
L'ORANGE

Elle contient de la vitamine C, des vitamines du groupe B, du calcium, du potassium… Consommée en cette période de l'année, elle tonifie et équilibre. Les sels minéraux qu'elle contient aident à fixer le calcium. Elle a des propriétés stimulantes qui faciliteraient la bonne assimilation des aliments. Si vous pressez une orange, il est conseillé de déguster son jus rapidement afin de conserver toutes les vitamines. Une salade d'oranges parfumées à la cannelle est un délice pour les fées.

L'ÉPINARD

Il contient de la vitamine B9, des vitamines A, C et K. Il contient du fer mais beaucoup moins qu'on ne le prétendait autrefois. Il est digeste. Riche en fibres, il facilite le transit intestinal. Il est reminéralisant. Il renforce l'organisme. Son jus de cuisson est conseillé en cas d'anémie. Les personnes souffrant de maladies rénales et de rhumatismes ne devront pas en consommer. Les fées apprécient autant une salade de jeunes pousses d'épinards associés au fromage de chèvre qu'une purée d'épinards avec un zeste de crème fraîche.

LES FRUITS DE SAISON

Le citron : vitamine C, vitamines du groupe B, potassium…
La mandarine : vitamine C, vitamines du groupe B, potassium…
La poire : vitamines C, A, vitamines du groupe B, potassium, phosphore…
La pomme : vitamines C, A, B et E, potassium…
Mais aussi **les marrons, les noisettes, le coing**…

LES LÉGUMES DE SAISON

L'artichaut : vitamine C, vitamines du groupe B, calcium et magnésium…
La betterave : vitamines C, K, vitamines du groupe B, potassium, cuivre, fer, magnésium…
Le chou : vitamines C, K et E, soufre, calcium…
La carotte : vitamines A, C, K, potassium, calcium, magnésium…
La pomme de terre : vitamine C, vitamines du groupe B, cuivre, potassium, fer…
Le céleri : vitamines C, A, vitamines du groupe B, potassium, phosphore, calcium…
L'oignon : vitamines C, A et E, vitamines du groupe B, phosphore, sélénium…
Le fenouil : vitamines C, E et B, potassium, magnésium, fer…
Mais aussi **les choux de Bruxelles, la mâche, les salsifis, le poireau, le brocoli**…

Novembre

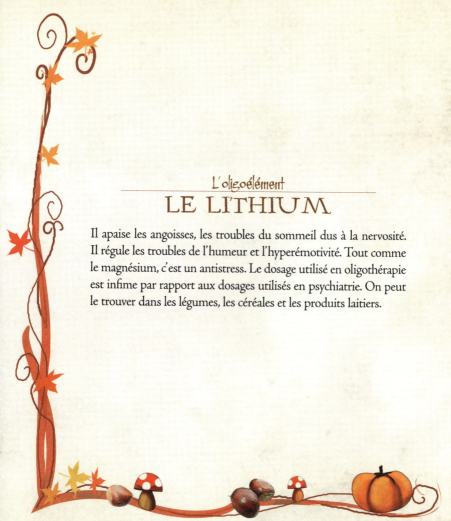

L'oligoélément
LE LITHIUM

Il apaise les angoisses, les troubles du sommeil dus à la nervosité. Il régule les troubles de l'humeur et l'hyperémotivité. Tout comme le magnésium, c'est un antistress. Le dosage utilisé en oligothérapie est infime par rapport aux dosages utilisés en psychiatrie. On peut le trouver dans les légumes, les céréales et les produits laitiers.

Conseil de fée

Certains disent que c'est le mois le plus triste de l'année. On fête les morts. Il fait froid et gris, les jours raccourcissent. Ce n'est pas pour autant qu'il faut plonger dans un pessimisme et une tristesse ambiante. Les fées vous apportent de la lumière et vous encouragent à ne penser qu'à ce qui vous fait du bien. Installez-vous confortablement, mettez une musique douce, allumez des bougies et de l'encens ou diffusez des huiles essentielles appropriées comme la lavande vraie (voir le mois d'août) instaurez une atmosphère sereine qui vous correspond. Essayez de décontracter tout votre être. Pour cela, il vous suffit de respirer profondément en prenant conscience que chaque partie de votre corps se détend. Ensuite, visualisez un moment de votre vie qui vous a procuré beaucoup de bonheur. Savourez cet instant et souriez à la vie. Chassez les pensées négatives qui pourraient interférer. Puis dites-vous que vous êtes apaisé et en pleine forme. À chaque fois que vous vous sentirez triste ou déprimé, pensez immédiatement à des choses positives et répétez-vous que vous avez l'intention d'être heureux dans votre vie.

Notes :

Décembre

« Celui qui donne ne doit jamais s'en souvenir,
celui qui reçoit ne doit jamais l'oublier. »

★ Bible, *Ancien Testament* ★

La pierre
LA TURQUOISE

Purification

Avant de la porter ou de l'utiliser, la purifier dans de l'eau non salée. La recharger avec peu de lumière. Cette pierre au caractère sacré serait magique aux yeux des Égyptiens, des Perses, des Mayas, des Aztèques, des Tibétains…

Plan physique

Elle serait un bon régulateur du système nerveux. Elle lutterait contre les intoxications, les empoisonnements, les excès de cholestérol. Elle serait protectrice de la sphère ORL.

Plan émotionnel

Elle protège des énergies négatives et du mauvais œil. Elle reflète notre état intérieur et absorbe les énergies néfastes qui sont en nous. Si elle perd de sa couleur ou se morcelle, c'est qu'elle aura puisé toutes ses forces. Elle apporte équilibre et optimisme. C'est aussi la pierre du discernement, qui permet de distinguer le bien du mal, le bon du mauvais goût, notamment dans le domaine artistique. Généreuse, elle développe l'expression et la communication ainsi que l'écoute des autres.

L'huile essentielle
LE GÉRANIUM ROSAT
(Pelargonium x asperum)

Cette huile est dite équilibrante. Son parfum, qui rappelle celui de la rose, réchauffera les cœurs endormis. En ce mois de décembre, un peu de réconfort et de douceur seront les bienvenus. Elle est indiquée dans tous les problèmes de peau tels que les coupures, les plaies, les mycoses cutanées, l'acné, les vergetures… Elle est hémostatique et cicatrisante. Elle a des propriétés relaxantes. Elle est donc recommandée dans les cas de dépression, d'anxiété, de surmenage, les fatigues psychiques, les colites d'origine nerveuse, les troubles du sommeil…

Déposez une goutte sur la face interne de vos poignets afin de vous sentir mieux.

Elle est l'ennemie des insectes tels que les moustiques et les puces. En diffusion comme répulsif. Suivre les recommandations sur l'emballage.

À déconseiller aux femmes enceintes.

Les fruits et légumes

LA POMME

Elle contient des vitamines C, A, B et E ainsi que du potassium… Elle a de nombreuses vertus et elle n'est pas très calorique. Elle est donc appréciée par ceux et celles qui suivent un régime amaigrissant, car elle a un effet coupe-faim. Elle est riche en antioxydants ainsi qu'en fibres. Manger trois pommes par jour réduirait le taux de cholestérol. Elle est recommandée dans les traitements contre les diarrhées. Elle peut se consommer crue ou cuite. Elle apporte saveur et vitalité aux salades composées.

LA POMME DE TERRE

Elle contient des vitamines du groupe B, de la vitamine C, du cuivre, du potassium, du fer… Ses valeurs nutritionnelles sont donc intéressantes, car elles permettent à l'organisme de se reminéraliser. Elle procure une sensation de satiété et pourtant elle n'est pas aussi calorique qu'on le prétend. Tout dépend de sa cuisson et de sa garniture. Elle a des propriétés antispasmodiques et diurétiques. Les fées en consomment souvent car elles adorent les pommes de terre cuites à la vapeur avec une pointe de fleur de sel et d'huile d'olive. Quand il fait bien froid, elles aiment déguster un gratin dauphinois.

LES FRUITS DE SAISON

Le citron : vitamine C et B, potassium…
L'orange : vitamine C et B, calcium, potassium…
La mandarine : vitamine C et B, potassium…
La poire : vitamines C, A et B, potassium, phosphore…
Le marron : vitamines B, potassium…
Mais aussi **le kiwi**.

LES LÉGUMES DE SAISON

L'artichaut : vitamine C et B, calcium, magnésium…
La betterave : vitamines C, K et B, potassium, cuivre, fer, magnésium…
Le chou : vitamines C, K et E, soufre, calcium…
La carotte : vitamines A, C, K, potassium, calcium, magnésium…
Le céleri : vitamines C, A et B, potassium, phosphore, calcium…
L'oignon : vitamines C, A, E et B, phosphore, sélénium…
La mâche : vitamines A et C, potassium, calcium…
Mais aussi **le poireau, le chou de Bruxelles, les salsifis, les topinambours…**

L'oligoélément
L'OR

Il a des propriétés cicatrisantes. C'est un anti-infectieux puissant. Associé au cuivre et à l'argent, il lutte contre les affections de la sphère ORL et redonne de la vitalité. L'or lutte contre les fatigues. Il a des propriétés anti-inflammatoires. On peut le trouver dans la levure de bière.

Conseil de fée

C'est l'hiver, les fêtes de fin d'année approchent à grands pas. Les fées sont heureuses, car elles adorent se retrouver toutes ensemble pour partager des présents qu'elles ont réalisés.

Pourquoi ne pas suivre leur exemple en fabricant et en personnalisant des cadeaux que vous allez offrir à ceux que vous aimez. À chacun son idée et son budget !

Il est très important que vous y mettiez toutes vos émotions, votre créativité, votre imagination. Vous risquez d'en surprendre plus d'un par votre fantaisie et votre personnalité qui va se prononcer encore plus par cette action. Tout ce que vous auriez aimé exprimer en temps normal, mais que vous n'avez jamais osé appliquer par peur, par pudeur ou par manque de temps doit ressortir pour l'occasion et exister. Les fées espèrent que vous prendrez autant de plaisir qu'elles en ont eu au moment de leurs réalisations ainsi qu'à celui de la découverte. Que ce soit un cahier fabriqué, un vase en terre, un dessin, un poème, une chanson… La magie brillera car la sincérité est l'une des clés de la réussite.

Decembre

Notes :

PETIT PLUS

Les fées apprécient les vertus de :

la gelée royale	(dynamisante, vivifiante, protectrice…) ;
la propolis	(antibiotique naturel, anti-infectieux, antifongique…) ;
la levure de bière vivante	(antioxydant, régulatrice de la flore intestinale, bénéfique pour la peau et les cheveux, vitalité…) ;
l'extrait de pépins de pamplemousse	(antibiotique naturel, antibactérien, antiviral, antifongique… idéal pour les personnes constipées) ;
le curcuma	(antibactérien, antalgique, stimulant du système immunitaire…) ;
le thym	(antibiotique naturel, antiseptique, énergétique, digestif…).

Elles apprécient également certains fruits issus principalement de l'importation : la banane (riche en potassium, vitamine C…), l'avocat (vitamines C énergisante et B pour la beauté de la peau…), le pamplemousse rose (antioxydant, stimulant…).

Elles adorent le quartz rose car il symbolise la douceur, la tendresse et l'amour. Il guérit les peines de cœur. Il est souvent associé à l'enfance. Il symbolise la paix intérieure et la sérénité. Cette pierre est idéale dans une chambre à coucher. Avant de la porter ou de l'utiliser, la purifier dans de l'eau salée.

La labradorite est une autre pierre qu'elles affectionnent car elle permet de redonner vitalité à ceux et celles qui sont épuisés physiquement ou intellectuellement. De plus, elle protège des maux d'autrui en absorbant les énergies négatives et en les dissolvant. Avant de la porter ou de l'utiliser, la purifier dans de l'eau salée, la recharger au soleil.

L'hématite les séduit car elle calme, purifie et dynamise. Elle permet de développer l'écoute de soi mais aussi des autres. Avant de la porter ou de l'utiliser, la purifier dans de l'eau salée, la recharger au soleil.

GLOSSAIRE

*La **vitamine A*** est importante pour la vision, l'état de la peau, la croissance ; elle lutte contre les infections.

*La **vitamine B*** regroupe plusieurs vitamines (B1, B2, B3, B5, B6, B8, B9 et B12). Elles sont importantes pour tout ce qui concerne le système nerveux, la peau, les cheveux. Elles stimulent l'organisme.

B1 (thiamine) est importante pour le système nerveux.

B2 (riboflavine) apporte de l'énergie, importante pour la peau et la vision.

B3 *ou* PP (niacine) joue un rôle dans la circulation sanguine, l'oxygénation des cellules.

B5 (acide panthothénique) est indispensable à la croissance.

B6 (pyridoxine) est nécessaire pour le système nerveux et la fabrication des globules rouges.

B8 (biotine) est importante pour la peau et les cheveux.

B9 (acide folique) joue un rôle essentiel dans le processus de croissance et de reproduction.

B12 (cyanocobalamine) est indispensable à l'organisme, elle joue un rôle dans la lutte contre le vieillissement cellulaire.

*La **vitamine C*** est un antioxydant. Elle permet l'absorption du fer. Elle joue un rôle dans la production du collagène. C'est un antifatigue.

*La **vitamine D*** est essentielle pour les os et les dents, elle permet l'absorption du calcium et lutte contre l'ostéoporose et le rachitisme.

La lumière du soleil nous permet de stocker cette vitamine. Mais attention tout de même aux risques encourus par des expositions non protégées et à durée prolongée.

La vitamine E est un antioxydant important tout comme le sélénium. Elle lutte contre le vieillissement de la peau.

La vitamine K est essentielle dans la coagulation sanguine.

SOURCES ET LIVRES À CONSEILLER

Petites fleurs du cœur pour grandir au fil des jours, Rosette Poletti et Barbara Dobbs, Éditions Jouvence, 2009.

À la découverte des huiles essentielles, Franck Pinay-Rabaroust, Éditions Clairance, 2009.

Le choix des huiles essentielles, Fencienne Tu-Saint Girons et Benoît Saint Girons, Éditions Jouvence, 2010.

Le guide de l'aromathérapie, Denise Whichello Brown, Éditions Larousse, 2008.

Le guide des pierres de soin, Reynald Boschiero, Marabout Santé, Éditions Vivez Soleil, 1999.

Bien-être par les pierres, Martine Pelloux, Hachette Livre (Hachette Pratique), 2011.

Oligothérapie, précis de clinique et de thérapeutique, A. Dupouy, Éditions Malouine, 1988.

Soignez-vous avec les remèdes de grand-mère, Laurence Albert, Éditions de Vecchi, 2011.

Fruits et légumes de saison, René Longet, Éditions Jouvence, 2006.

REMERCIEMENTS

Je remercie les fées pour la beauté de leur éclairage,
et les anges de nous protéger et de nous guider vers notre voie,
celle de la sagesse.

À mon éditeur Jacques et à toute son équipe, en particulier
Christophe, d'avoir cru en ce projet et à Michel pour son soutien.
À Marianne pour son écoute.
À Laure pour ses jolies fées ainsi que Stéphanie pour sa créativité.

À Fred qui m'a ouvert les portes et remis les clés…

À Annette pour ses conseils et son œil avisé.

À Dominique Gogmos pour son soutien.

À ma famille et à mes amis. Ils se reconnaîtront, les liens
d'Amour sont si forts.

Envie de bien-être ?
WWW.EDITIONS-JOUVENCE.COM

Le bon réflexe pour :

Être en prise directe :
- avec nos nouveautés (plus de 60 par année),
- avec nos auteurs : Jouvence attache beaucoup d'importance à la personnalité et à la qualité de ses auteurs,
- avec tout notre catalogue… plus de 400 titres disponibles,
- avec les Éditions Jouvence : en nous écrivant et en dialoguant avec nous. Nous vous répondrons personnellement !

Mais aussi chaque mois :
- découvrir le livre du mois : chaque mois un livre est particulièrement mis en évidence et nous vous faisons partager notre enthousiasme,
- apprendre à mieux connaître l'auteur du mois : chaque mois un auteur est particulièrement mis en évidence. Interviewé, il parle de sa pensée, de ses projets, de ses coups de cœur,
- découvrir aussi la librairie du mois et ses particularités : il y a toujours, proche de chez vous, une librairie qui aime et connaît bien son métier. Elle saura vous conseiller.

Mais encore :
- commander vos livres dans une librairie proche de chez vous grâce à notre liste de librairies en France, Suisse, Belgique et Canada,
- communiquer directement avec nos auteurs : vous trouverez leurs coordonnées postales, leur mail et site internet,
- vous informer en direct de leurs stages et conférences : nos auteurs sont à votre disposition, ils aiment à prolonger leur message par un enseignement direct.

Le site web de la découverte !

Ce site est réactualisé en permanence, n'hésitez pas à le consulter régulièrement.

Dépôt légal : Septembre 2011
Imprimé en république Tchèque en août 2016
Par les soins de Finidr